# TITO

## José Young

**Ediciones Crecimiento Cristiano**

© 1980 **Ediciones Crecimiento Cristiano**
Título: Tito
Autor: José Young
Primera edición 1980
Edición actual: 2008
I.S.B.N. 950-9596-97-3
Clasificación: Estudio bíblico - Guía de estudio para grupos
Diseño Tapa: Ana Ruth Santacruz
Queda hecho el depósito que marca la ley 11.723.

Impreso en los taleres de
Ediciones Crecimiento Cristiano
Dirección postal:
Córdoba 419
5903 Villa Nueva, Cba.
Argentina
oficina@edicionescc.com
www.edicionescc.com

**IMPRESO EN ARGENTINA**                    **VE3**

# Indice de estudios

# Introducción

Tito es una de las cuatro cartas personales de Pablo (1 y 2 Timoteo, Tito y Filemón). Como consecuencia, es diferente en forma y contenido a las otras Epístolas de Pablo, como por ejemplo, Romanos o Efesios.

Especialmente las cartas a Tito y Timoteo tienen varias cosas en común. Dan instrucciones en cuanto a cómo deben ser las personas responsables en las iglesias. Advierten contra los falsos maestros e indican qué se debe hacer con ellos. Resumen la fe y exhortan a los dirigentes de la iglesia a que mantengan la sana enseñanza.

Tito contiene solamente tres capítulos, sin embargo, está lleno de información valiosa para la iglesia. Martín Lutero dijo de ella:

> Esta es una Epístola corta, sin embargo, es un resumen tan bien hecho de la doctrina cristiana, y ha sido escrita en forma tan magistral, que contiene todo lo necesario para el conocimiento y la vida cristiana.

Repetimos lo dicho en otros cuadernos: Este es un estudio *inductivo*, es decir, tomamos primero el texto bíblico, lo examinamos con cuidado, y luego, en base a lo encontrado, llegamos a conclusiones. Tratamos de no acercarnos a la Palabra con ideas preconcebidas, sino con una mente abierta para recibir lo que Dios dice en esta parte de su libro.

Aunque usted puede utilizar cualquier versión de la Biblia, nosotros tomaremos como base la versión Reina-Valera, revisión del año 1995.

# Tito 1:1-4     Su trasfondo

Tito, junto con las dos cartas a Timoteo, han sido designadas tradicionalmente con el nombre de Epístolas Pastorales. Recibieron este título porque son cartas dirigidas a individuos y no a iglesias. También porque su contenido es distinto, desarrollan principalmente un consejo "pastoral" para la vida de la iglesia.

En esta lección examinaremos los cuatro primeros versículos. Conviene leer antes *toda* la carta, y luego nuevamente los versículos que corresponden a esta lección. Si es posible, sugerimos que los lea en dos versiones distintas de la Biblia.

Notamos aquí la forma de salutación. Podemos resumir los versículos 1 al 4 de esta manera:

> Pablo...
>
>        ... a Tito

Las cartas de aquella época se encabezaban de esa forma. Algunas veces lo hacían con más detalles, otras, con menos. Pero toda esta información de los primeros cuatro versículos de Tito nos explica, o amplía esa salutación básica.

La carta era para Tito. Pero ¿quién era Tito? El Nuevo Testamento no nos da mucha información acerca de él, pero encontramos varias referencias en otras cartas de Pablo.

**1/ Busque las siguientes citas, y anote qué nos enseña cada una acerca de Tito.**
**a/ 2 Corintios 2:12,13**

---

**b/ 2 Corintios 7.6, 7 y 13-16**

**c/ 2 Corintios 8:6, 16-23**

**d/ 2 Corintios 12:18**

**e/ Gálatas 2:1-3**

**2/ En resumen, ¿cómo era Tito?**

Según el versículo 5, Pablo había dejado Tito en Creta con ciertas instrucciones.

**3/ Indique en el mapa de la siguiente página dónde estaba ubicada Creta.**

---

Si buscamos en el libro de los Hechos, no vamos a encontrar ninguna mención de que Pablo visitara Creta. Es por eso, que la mayoría de los estudiosos de la Biblia piensan que habría ido a ese lugar después de estar varios años en la cárcel de Roma (Hechos 28). Es decir, que después de ese encarcelamiento, Pablo fue librado y pudo gozar varios años más de servicio a su Señor antes de caer nuevamente prisionero y encontrar la muerte. Es probable, entonces, que haya escrito esta carta en el período entre los dos encarcelamientos.

**4/ ¿Cuáles eran los dos propósitos que menciona Pablo al dejar Tito en ese lugar?**

Estos versículos, en pocas palabras, nos dan un buen resumen de la tarea apostólica. Pero vamos a mirar a algunos detalles.

En el versículo 1 la versión NVI afirma que llegamos al conocimiento *por medio de* la fe. Pero las otras versiones simplemente hablan de llegar a la fe y al conocimiento. A la vez, Romanos 10.14 afirma que llegamos a la fe por medio del conocimiento.

**5/ ¿Qué la parece? ¿Es posible llegar a la fe sin conocimiento, o llegar al conocimiento sin fe? Explique.**

La versión NVI también dice (v. 2) que la vida eterna fue prometida antes de la "creación", aunque literalmente la expresión es "antes de los tiempos eternos".

**6/ Busque Hechos 2.23, Gálatas 4.4 y 2 Timoteo 1.9. ¿Cómo nos ayudan estos versículos a comprender los tiempos de Dios?**

**7/** Note el versículo 4. Si Dios el Padre y Jesucristo le conceden gracia y paz a usted, ¿qué tendrá? ¿Qué sentiría? ¿Cómo afectaría su vida?

Pablo, en muy pocas palabras, nos deja un cuadro claro de los propósitos de Dios, y desde esa base, aporta temas en su carta para que las iglesias fueran sanas y fuertes.

# 2

## Tito 1:5-9        Los ancianos

**U**na de las dos tareas de Tito en Creta era nombrar ancianos en las iglesias. Esto es algo que Pablo hacía anteriormente en sus viajes (Hechos 14:23), y ahora encarga esta misma responsabilidad a uno de sus colaboradores. Para eso, le da algunas instrucciones en cuanto a cómo debe ser un anciano.

"Anciano" es uno de los tres títulos dados a los encargados de las iglesias en el Nuevo Testamento. Anciano, Obispo y Pastor, todos hacen referencia a la misma persona (ver nota 1). Podemos resumir el significado de cada título de esta manera:

- Anciano se refiere a su madurez y experiencia.
- Obispo a su capacidad como administrador.
- Pastor a su cuidado de las personas.

Este pasaje utiliza los títulos Anciano y Obispo. (la Versión Popular en el v. 7 lo traduce por "dirigente")

**1/ Hagamos ahora un ejercicio que nos ayudará a aclarar varios de los términos utilizados por Pablo. Trate de conseguir dos, o si es posible, tres versiones diferentes del Nuevo Testamento. En la página siguiente presentamos un cuadro conteniendo una lista con los términos que Pablo usa para describir al anciano. Busque cada término en las distintas versiones y escriba el equivalente en el espacio correspondiente. Sugerimos que una de las traducciones sea la Versión Popular.**

Vamos a tratar de resumir los detalles que Pablo enumera en cuanto a cómo debe ser un anciano. (Nota 2)

| Reina Valera | Otra | Otra |
| --- | --- | --- |
| irreprensible | | |
| marido de una sola mujer | | |
| no soberbio | | |
| no iracundo | | |
| no dado al vino | | |
| no pendenciero | | |
| no codicioso de ganancias deshonestas | | |
| hospedador | | |
| amante de lo bueno | | |
| sobrio | | |
| justo | | |
| santo | | |
| dueño de sí mismo | | |

**2/** Haga un resumen del pasaje sobre la personalidad del anciano. ¿Qué clase de persona tendrá que ser? ¿Cómo deberá ser su carácter?

**3/** Aunque el pasaje no dice mucho acerca del hogar del anciano, destaca algunos aspectos importantes. Haga un resumen del tema en sus propias palabras.

Hay numerosos pasajes en el Nuevo Testamento que hablan acerca de la obra del anciano. Pablo no lo hace aquí, sin embargo, cuando examinamos los requisitos para su persona, nos damos cuenta de cosas que debía estar en condiciones de hacer.

**4/** ¿Qué podemos aprender de las actividades del anciano de este pasaje?

**5/** El v. 9 es especialmente importante. Explique los tres requisitos de este versículo utilizando sus propias palabras.

Sabemos que Tito hubiera utilizado esta lista como guía cuando seleccionó ancianos para las iglesias. De hecho, no son condiciones imposibles de alcanzar, ya que de otra manera la tarea de Tito hubiera sido imposible.

**6/** Repase nuevamente las características de los vv. 7 y 8, ya que estos versículos detallan los aspectos personales del anciano. ¿Hay alguna característica que no es aplicable a todos los creyentes, es decir, que son exclusivos de los ancianos?

La lista de Pablo es muy práctica, especialmente a la luz de la situación en Creta. En la siguiente lección veremos algo de esa situación, pero el solo hecho de reconocer que la iglesia era nueva, sin creyentes criados en hogares cristianos, nos ayuda a entender por qué Pablo incluyó en su lista algunas características que se aplican mejor a personas recién convertidas del paganismo.

Aunque, para decir la verdad, Pablo menciona aspectos que todavía vemos entre nosotros: hermanos soberbios, otros que no son dueños de sí mismos, etc. La lista de Pablo es como un espejo en el cual todos deberíamos mirarnos con cuidado. Y más aún si esperamos asumir algún trabajo de responsabilidad en la iglesia.

En su carta a Timoteo, Pablo sugiere que es correcto que un joven aspire ser anciano de la iglesia (1 Timoteo 3.1). Por supuesto esa aspiración no es suficiente en sí, ya que llegar a ser anciano o no depende de la obra de Dios, la experiencia del joven y el reconocimiento de la iglesia.

**7/ Supongamos que en su iglesia hubiera un joven que, confidencialmente, se le acerca para decirle que aspira ser, algún día, anciano de la iglesia. ¿Cómo le aconsejaría? ¿Qué ayuda práctica le daría para que esté en condiciones de cumplir ese deseo?**

## Notas

1 - Vemos que los tres títulos refieren a la misma persona en pasajes como Hechos 20,17 y 28. Pablo llamó a los "ancianos" de Éfeso, los titula como "obispos", y afirma que su tarea es "pastorear".

2 - Esta lista no incluye referencias a su familia, sino a su persona.

# 3

# Tito 1:10-16     Malos maestros

En este pasaje encontramos la segunda razón por la cual Pablo había dejado a Tito en Creta. Ciertos hombres estaban creando problemas en la iglesia, y Tito debía enfrentar la situación.

Notamos que el párrafo comienza con la palabra "porque". Pablo dice en el v. 9 que los ancianos de la iglesia necesitan tener la capacidad de convencer y exhortar, y al comenzar el v. 10 vemos una razón.

El pasaje no es fácil de entender, especialmente en la versión Reina Valera. Por eso será necesario leerlo varias veces y preguntarse: ¿Qué quiso decir Pablo con este párrafo? Antes de entrar en el estudio, deseamos aclarar tres conceptos del pasaje:

**El v. 10** La referencia a la "circuncisión" se refiere a los judíos que habían creído en el evangelio, pero que sin embargo seguían con las costumbres del judaísmo, e insistían en el cumplimiento de la Ley de Moisés. Estos crearon muchos problemas en la iglesia primitiva.

**El v. 12** Es importante reconocer que Pablo cita en este versículo a un filósofo de Creta. Es decir, esa evaluación de los cretenses no es de Pablo, sino de un tal Epiménides. (ver nota 1)

**El v. 14** Las fábulas o cuentos de los judíos se refieren a esa tendencia que tenían ellos de fabricar alegorías e interpretaciones extravagantes basadas en el Antiguo Testamento.

Pablo habla de dos grupos de personas: de los cretenses en general, y del grupo de hombres que creaban problemas.

**1/ ¿Cómo describe Pablo a los cretences en general?**



Pero Pablo se dió cuenta de que había hombres en la misma iglesia que creaban problemas.

**2/ Explique cómo eran. ¿Qué problemas creaban en la iglesia?**



A la luz de todo lo que Pablo dice, ¿le parece que esos hombres que creaban problemas eran realmente creyentes? ¿Habrán sido falsos, hipócritas? ¿O sencillamente se engañaban a sí mismos? ¿Cuál sería la raíz del problema?

**3/ ¿Qué opina usted?**

El v. 15 es un comentario muy interesante de la situación.

**4/ Según su parecer, y en sus propias palabras, ¿cuál es la idea principal que encierra este versículo?**

Ahora, Pablo da instruciones a Tito para la congregación y también para enfrentar a los "rebeldes". Tito tenía su parte, pero la congregación también tenía que tomar partido.

**5/ ¿Qué tenía que hacer *la congregación* frente a esos "rebeldes"?**

**6/ ¿Qué tenía que hacer *Tito*?**

Hoy en día no hay "judaizantes", sin embargo hay hombres que perturban a las iglesias y crean divisiones. Tenemos el mismo problema con distinta forma.

**7/ ¿Quiénes son las personas que actualmente hacen daño a la iglesia? ¿Cómo los podemos reconocer?**

**8/ ¿Qué actitud debemos tomar con ellos?**

Lamentablemente, hay muchos que asumen el nombre "cristiano" pero que están lejos de la fe bíblica. Los creyentes, y la iglesia, necesitamos tener raices bien firmes en la Palabra de Dios, y estar bien atentos a todo lo que puede debilitar o desviar a la iglesia.

## Notas

1 - Es notable como Pablo cita a un autor pagano respetado (Epimenides) en su argumento. Y no es la primera o única vez que lo hace. Note, como ejemplo, como lo hizo en Hechos 17.28.

# 4

## Tito 2:1-5          Práctica de la fe (1)

**D**espués de haber tratado las dos necesidades menciona-
das en Tito 1:5, Pablo sigue con una sección de varios
consejos prácticos. Nombra en total a seis personas o
grupos. Estos son:

| | |
|---|---|
| ancianos | jóvenes |
| ancianas | Tito mismo |
| mujeres jóvenes | siervos |

Vamos a pensar en maneras de aplicar estos versículos a nosotros en el día de hoy. Pablo comienza con una exhortación a
Tito a que enseñe siempre doctrina (enseñanza) "sana".

**1/ ¿Qué diferencia hay entre la enseñanza "sana", y la "en-
ferma"?**

**2/ ¿La enseñanza sana es siempre un señal de una vida
cristiana sana? Explique su respuesta.**

## Los ancianos

En el v. 2 Pablo habla del primer grupo de personas, los ancianos. Es importante notar que aquí se refiere a *todos* los hombres mayores, mientras en 1:5 estaba hablando de los encargados de la iglesia.

**3/ Con referencia a las cosas que Pablo menciona en el v. 2:**

**a/ ¿Cuál de las seis será la más difícil de cumplir para un anciano? ¿Por qué?**

**b/ ¿Cómo explica ustede el "amor sano"?**

**c/ Si hay amor "sano", debe haber también un amor "enfermo". ¿Cómo será el "amor enfermo"?**

## Las ancianas

Los ancianos y las ancianas deben ser ejemplos y maestros para las personas más jóvenes. Pero también si no tienen la suficiente madurez espiritual, pueden ser causa de muchos problemas en la iglesia.

**4/ ¿Por qué la anciana "calumniadora" o "chismosa" es especialmente peligrosa?**

**5/ ¿Cómo explica usted una conducta "reverente"?** (nota 1)

## Las mujeres jóvenes

Una de las cosas que las mujeres maduras debieran hacer es enseñar a las jóvenes. Aunque ellas tengan su madre o su suegra, necesitan la ayuda de alguien que no sea de la familia, alguien que les pueda aconsejar más objetivamente.

A primera vista el v. 4 parece fuera de lugar. Uno esperaría que la mujer joven amara naturalmente a su esposo y a sus hijos.

**6/ ¿Por qué será necesario enseñarle a amarlos?**

Hay personas que dicen:

*Lo que hago en mi hogar es asunto personal. El hogar es de mi familia, la iglesia es aparte. No se deben mezclar las dos cosas.*

Pero aquí vemos que Pablo está exhortanto a Tito a interferir, en cierto sentido, en los asuntos del hogar de los creyentes.

**7/ ¿Qué piensa usted del tema? ¿Es el hogar estrictamente privado? ¿Puede la iglesia mandar en el hogar? Dé su opinión.**

La vida cristiana no es solamente un "creer", sino también un "hacer". Las pautas que Pablo envió a Tito tocan aspectos muy prácticos de nuestra vida cotidiana. Una vida cristiana "sana" es fruto de la doctrina "sana".

**Notas**

1 - La palabra significa simplenente  "lo que está de acuerdo con una persona santa."

# 5

## Tito 2:6-10    Práctica de la fe (2)

**C**ontinuamos en esta lección con el estudio de los seis grupos que Pablo menciona en 2:1-10. Las instrucciones que da nos hacen recordar a su exhortación a Timoteo: *"...te escribo esto para que... sepas cómo debe portarse uno en la familia de Dios, que es la iglesia del Dios viviente"*.(1 Timoteo 3.15)

### Los jóvenes

Lo interesante es que Pablo exhorta a los jóvenes en general en cuanto a una sola cosa. Las diferentes versiones de la Biblia lo traducen generalmente: "que sean prudentes", pero hay dos excepciones:

- La Nueva Versión Internacional: "a ser sensatos".
- La Versión Popular: "a ser juiciosos".

**1/ En cuanto a esta exhortación:**

**a/ ¿Cuál es realmente? ¿Qué pide Pablo?**

**b/** ¿Por qué es ésta una exhortación apropiada para los jóvenes?

## Tito mismo

**2/ Pablo exhorta a que Tito sea un ejemplo.**
**a/ ¿Un ejemplo de qué?**

**b/ ¿Con qué fin debía ser ejemplo?**

Pablo también pone énfasis en la enseñanza de Tito. Conviene leer otra vez los vv. 7 y 8 en más de una versión de la Biblia.

**3/ Explique en sus propias palabras cómo tenía que ser la enseñanza de Tito.**

Aunque esta exhortación está dirigida a Tito, se aplica a cualquier persona que tenga el privilegio de enseñar la Palabra de Dios.

## Los siervos

Aunque diferentes versiones de la Biblia hablan acerca de "siervos" en los vv. 9 y 10, se refieren a los esclavos. Se estima que en las principales ciudades del Imperio Romano la tercera parte de la población eran esclavos. Algunos, por supuesto, tenían las tareas más degradantes, pero no siempre era así. Una buena parte de los médicos y maestros, por ejemplo eran esclavos, y ¡aún había esclavos que servían de policías!

Los comentaristas concuerdan al decir que los mismos principios presentados por Pablo son aplicables directamente  al empleado de hoy.

**4/ Primero, explique en sus propias palabras lo que el empleado *no* debe hacer.**

**5/ Segundo, explique lo que *sí* debe hacer.**

Tal vez lo más importante aquí es pensar por qué el siervo, o el empleado, debe actuar de esa manera. Debemos obedecer y agradar a nuestros amos o jefes, aun en los casos donde parezcan no merecerlo.

**6/ Explique en sus propias palabras cuál es el motivo por el que debemos hacerlo.**

El Nuevo Testamento dedica muchas páginas a estos consejos y otros similares a los que hemos encontrado en este pasaje. La vida cristiana es sumamente práctica. Si no la vivimos en el taller, el aula, el hogar, es algo superficial e irreal.

**7/ Ahora, de todo lo que hemos visto en Tito 2:1-10, ¿qué le impresionó más? ¿Qué parte le parece más aplicable a su propia vida?**

# 6
# Tito 2:11-15 La gracia de Dios

Pablo comienza el capítulo con consejos prácticos, para luego continuar con las razones teológicas, o doctrinales. La vida cristiana sana tiene sus raíces en las verdades acerca de Dios y el hombre. Y estas verdades acerca de quién es Dios y qué ha hecho determinan cómo vamos a actuar.

En primer lugar, vemos que Dios nos ha manifestado su bondad, su gracia. Gracia es una característica de Dios. Describe su actitud hacia el hombre transgresor y rebelde.

**1/ Según este párrafo, ¿qué *hace* la gracia de Dios?**
  **a/**


  **b/**


Pablo dice que esa gracia (bondad) nos quiere enseñar. ¡Qué contraste nos presenta ese concepto! Moisés dio los mandamientos de Dios al pueblo judío, y lo más importante para ellos era sentarse bajo la enseñanza de esa Ley. Pero Pablo dice que la *gracia de Dios* es la que ahora nos enseña.

**2/ La gracia (bondad) de Dios nos muestra que hay ciertas cosas que debemos dejar atrás. Explique en sus propias palabras cuáles son esas cosas.**

**3/** ¿Puede usted decir: "Hay una cosa en mi vida que he dejado atrás?" Dé un ejemplo.

**4/** Además esa gracia nos enseña de qué forma debemos vivir. Explique cómo sería una vida bajo la enseñanza de la gracia de Dios.

**5/** Por último, la gracia nos enseña que debemos esperar algo. ¿Qué es?

Pasado, presente, futuro, toda la vida resulta afectada cuando apreciamos y nos sometemos a la gracia de Dios.

**6/ El v. 14 destaca la muerte de Jesucristo a nuestro favor.**

**a/ Según este pasaje, ¿qué propósitos tuvo su muerte?**

**b/ Explique cuál es la diferencia entre esos propósitos.**

En este párrafo encontramos la tercera mención de "hacer el bien", o de "buenas obras". El Señor mismo destacó que la única manera de medir la vida espiritual de una persona es por lo que ella hace, y Pablo dice en Tito 1:16 que la falta de buenas obras es una de las características de los malos obreros quienes creaban problemas en la iglesia de Creta.

Note que Pablo termina el capítulo con una exhortación parecida a la de 2:1.

**7/ ¿Qué diferencia hay entre estas tres cosas que Tito debía hacer, según 2:15?**

**8/** En 2:1 Pablo dijo que Tito tenía que enseñar lo que está de acuerdo con la doctrina (enseñanza) sana. En base a lo que hemos estudiado, dé su definición de sana doctrina.

En el estudio bíblico es importante discernir la idea central de un pasaje. Después de haberlo estudiado, se debería poder expresar su esencia en muy pocas palabras.

**9/ Trate de hacerlo con Tito 2:11-15 en no más de 25 palabras.**

# 7

Tito 3:1-7        Renovación

Pablo sigue dando instrucciones a Tito en cuanto a cómo y qué debe enseñar a la iglesia. Sus instrucciones son muy prácticas. Sin ninguna duda el tema principal de la carta es cómo vivir la vida cristiana. Pero como ya dijimos, no se puede separar la teoría de la práctica; la vida de la doctrina. También en este pasaje Pablo da razones claras de por qué debemos vivir una vida distinta a la que vive la gente que nos rodea en el mundo. Podemos dividir fácilmente este pasaje en tres partes.

**1/ Para cada una de estas divisiones principales de Tito 3:1-7, ponga un título que refleje su contenido. El título no debe tener más de cinco palabras.**

*Versículos*       .................. *Título*

   **a/ 1 y 2**

   **b/ 3**

   **c/ 4 a 7**

El tema de la sumisión a las autoridades no es fácil. Porque las únicas personas que no tienen ninguna autoridad encima de ellos son los dictadores y ciertos reyes. Ellos no responden a nadie. Pero todos nosotros estamos bajo alguna autoridad, sea padres, maestros, empleadores, policias, gobiernos, etc.

El versículo 1 dice que debemos ser obedientes y sujetos a las autoridades.

**2/ Pero ¿qué hacemos:**
a/ si una ley es injusta o contra la verdad de Dios?

**b/ en la ruta los carteles dicen "máxima velocidad 80 KM por hora", pero el creyente que sale a la ruta con su auto encuentra que los únicos choferes que van en menos de 80 son los que manejan tractores?**

Una posible excepción a esta regla se encuentra en Hechos 4.19.

**3/ ¿En qué situaciones podemos aplicar Hechos 4.19, situaciones reales que vivimos en nuestro contexto?**

**4/** Pablo insiste que Tito debía hacerles recordar esto (versículo 1). ¿Por qué es importante recordarlo?

**5/** ¿Cómo sería la persona que vive el versículo 2? Si lo encontramos, ¿qué hemos de encontrar en ella?

La lista que Pablo ofrece en el versículo 3 es triste... triste, pero demasiado real. Lo que cambia todo son dos palabras: "éramos" y "pero". ¡Gracias a Dios por estas dos palabras!

Hay una expresión en el versículo 5 que dice:

"por el lavamiento de la regeneración y de la renovación por el Espíritu Santo" (según versiones RV95 y NVI)

"mediante el baño regenerador, en el que somos renovados por el Espíritu Santo" (versión BE).

Por supuesto, la pregunta es: ¿qué "lavamiento" o "baño"? Es importante aclararlo, porque Pablo afirma que es un elemento que Dios utiliza para darnos vida.

6/ Busque Ezequiel 36.25 y 26, Juan 3.5 y Romanos 6.3 y 4. En base a estos pasajes, ¿qué ha de significar esta expresión?

7/ En base a los versículos 5 a 7, ¿qué ha sido la fuente, o la causa, de nuestra regeneración?

a/

b/

c/

d/

8/ El versículo 7 (en la mayoría de las versiones) dice que somos "herederos". Busque los siguientes versículos, y en base a ellos, explique cómo es nuestra herencia. **Romanos 8:17. Gálatas 3:29, Santiago 2:5 y 1 Pedro 1:4.**

¡Gracias a Dios por el contraste enorme entre los versículos 3 y 4! Sugiero que tomen un tiempo para dar gracias a Dios por su bondad tan amplia.

# 8

# Conclusión

## Tito 3:8-15

L legamos a la parte final de la carta a Tito. En los primeros versículos de este pasaje (8 a 11), Pablo llega a sus conclusiones. En los últimos versículos, agrega algunos comentarios personales.

Note que en el v. 8 Pablo habla de cosas "buenas y útiles". Supongamos que usted tuviera la responsabilidad de enseñar en una clase, o a una iglesia.

**1/ ¿Sobre qué cosas debería insistir para que su enseñanza fuera "buena y útil"?**

De la misma manera, el v. 9 habla de cosas "inútiles y sin sentido".

**2/ ¿Qué debería evitar, como maestro, para no enseñar cosas inútiles y sin sentido (ver también la lección 3)?**

Los versículos 10 y 11 presentan el caso difícil de el hermano que crea divisiones en la iglesia. Es importante notar que el problema mencionado en estos versículos *no* es un hermano con ideas diferentes, sino el que insiste a los demás para que acepten sus ideas. Es el hermano que cree y persiste en ser el único que tiene razón, y trata de obligar a la iglesia a estar de acuerdo con él.

**3/ ¿Cuál será el verdadero problema de tal hermano? ¿Cuál podrá ser la causa personal que lo lleva al punto de crear división en la iglesia?**

**4/ ¿Qué debemos hacer si nos parece que un hermano está tratando de hacer división en la iglesia?**

Es importante aprender a vivir en paz con los hermanos de la iglesia aún cuando tengamos ideas y opiniones diferentes.

Pablo, como misionero, siempre trabajaba en "equipo". Vemos en el libro de los Hechos que hacía sus viajes misioneros en compañía de algunos hermanos. Aquí, en este pasaje, deja algunas instrucciones para varios de sus colaboradores.

El v. 14 concluye con lo que podemos considerar el tema principal de esta carta: las buenas obras. Seis veces Pablo habla de hacer el bien, de hacer buenas obras.

5/ Escriba un corto párrafo basado en esta carta, con el título: "Las buenas obras y el creyente". Use como base
estas citas de Tito: 1:16, 2:7, 2:14, 3:8, 3:14.

6/ Como ejercicio final de esta lección, vamos a preparar
un bosquejo de Tito que nos muestre de un solo panta-
llazo el contenido del libro. En el cuadro de la siguiente
página sugiera un título para cada sección.

7/ ¿Cuál ha sido para usted la lección personal más importante que ha aprendido al estudiar esta carta?

| Sección principal | | Párrafos | Título |
|---|---|---|---|
| I | Tito 1:1-4 | Salutación e introducción | 1:1 a 4 | |
| II | Tito 1:5-16 | Cualidades de los líderes | 1:5 a 9<br><br>1:10 a 16 | |
| III | Tito 2:1 a 3:11 | La vida que corresponde a la sana doctrina | 2:1 a 10<br><br>2:11 a 14<br><br>2:15<br><br>3:1 a 7<br><br>3:8 a 11 | |
| IV | Tito 3:12-15 | Saludos y conclusión | 3:12 a 14<br><br>3:15 | |

Uno de los principios del estudio bíblico se denomina "acumulativo": Cuánto más estudiamos, más capaces somos de seguir aprendiendo. En el futuro, al estudiar Tito por segunda vez, usted encontrará muchas cosas que no observó en esta oportunidad. Así es la Palabra de Dios: un tesoro inagotable.

Siga constante en sus estudios de la Palabra, y el Señor le ayude a *vivir* lo aprendido en esta carta a Tito.

# Cómo utilizar este cuaderno

Estos cuadernos son guías de estudio, es decir, su propósito es guiarle a usted para que haga su propio estudio del tema o libro de la Biblia que desarrolla este material.

El cuaderno propone un diálogo. En él introducimos el tema, sugerimos cómo proceder con la investigación, comentamos, pero también preguntamos. Los espacios después de las preguntas son para que usted anote su respuesta a ellas.

Esperamos que, por medio del diálogo, le ayudemos a forjar su propia comprensión del tema. No de segunda mano, como cuando se escucha un sermón, sino como fruto de su propia lectura y investigación.

¿Cómo hacer el estudio?

1 - Antes de comenzar, ore. Pida ayuda a Dios que le hable y le dé comprensión durante su estudio.

2 - Se deben leer los pasajes bíblicos más de una vez y preguntarse: ¿Qué dice el autor? Aunque muchos utilizan la versión Reina-Valera de la Biblia, conviene tener otra versión o versiones disponibles para comparar los pasajes entre las dos. La "Versión popular" y la "Nueva versión internacional" le pueden ayudar a ver el pasaje con más claridad.

3 - Siga con la lectura de la lección. Responda lo mejor que pueda a las preguntas.

4 - Evite la tendencia de "apurarse para terminar". Es mejor avanzar lentamente, pensando, preguntando, aclarando.

En grupo

El estudio personal es de mucho valor pero se multiplican los beneficios si lo acompaña con el estudio en grupo. "Un grupo de hasta 8 personas es lo ideal".

Pero, puede ser que por diferentes motivos el grupo esté formado por usted y una persona más, aun así, es mejor que estudiar solo.

En realidad, estos cuadernos han sido diseñados con ese motivo: estimular el estudio en células, en grupos pequeños. La manera de hacerlo es fácil:

1 - Usted hace en forma personal una de las lecciones del cuaderno. Aun cuando pueda haber cosas que no entienda bien, haga el mayor esfuerzo posible para completar la lección.

2 - Luego se reune con su grupo. En el grupo comparten entre todos las respuestas de cada pregunta. Puede ser que no tengan las mismas respuestas, pero comparando entre todos las van aclarando y corrigiendo.
Es durante este compartir semanal de una hora y media, este diálogo entre todos, donde se encuentra la verdadera riqueza y que nos provée esta forma de estudio.

3 - Evite salirse del tema. El tiempo es oro, y lo más importante es enfocar todo el esfuerzo del grupo en el tema de la lección. Luego, pueden dedicar tiempo para conocerse más y tener un rato social.

4 - Participe. Todos deben participar. La riqueza del trabajo en grupo es justamente eso.

5 - Escuche. Hay una tendencia de apurar nuestras propias opiniones sin permitir que el otro termine. Vamos a aprender de cada uno, aun de los que, según nuestra opinión, están equivocados.

6 - No domine la discusión. Puede ser que usted tenga todas las respuestas correctas, sin embargo es importante dar lugar a todos, y estimular a los tímidos a participar. No se trata de sobresalir, sino de compartir aprendiendo juntos.

Si en el grupo no hay una persona con experiencia en coordinarlo, se puede encontrar ayuda para dirigir un grupo en:

1 - Nuestra página web, www.edicionescc.com. La sección "Capacitación" ofrece una explicación breve del método de estudio.

2 - En las últimas páginas de nuestro catálogo se ofrece también una orientación.

3 - El cuaderno titulado "Células y otros grupos pequeños" es un curso de capacitación para los que desean aprender cómo coordinar un grupo.

4 - Hay algunas guías que disponen de un cuaderno de suge-

rencias para el coordinador del grupo.

Finalmente diremos que las guías no contienen respuestas a las preguntas ya que el cuaderno es exactamente eso, "una guía", una ayuda para estimular su propio pensamiento, no un comentario ni un sermón. Le marcamos el camino, pero usted lo tiene que seguir.

Que el Señor lo acompañe en esta tarea y si necesita ayuda, comuníquese con nosotros. Estamos para servirle.

Se terminó de imprimir en
Talleres Gráficos de
Ediciones CC
Córdoba 419 - Villa Nueva, Pcia de Córdoba
Mayo de 2014
IMPRESO EN ARGENTINA